Bibliografische Information der Deutschen Nationalbibliothek:

Die Deutsche Bibliothek verzeichnet diese Publikation in der Deutschen National-
bibliografie; detaillierte bibliografische Daten sind im Internet über http://dnb.d-
nb.de/ abrufbar.

Impressum:

Copyright © 2009 GRIN Verlag, Open Publishing GmbH
Druck und Bindung: Books on Demand GmbH, Norderstedt Germany
ISBN: 9783640626212

Dieses Buch bei GRIN:

http://www.grin.com/de/e-book/146509/handlungsorientierte-erarbeitung-der-
installation-eines-betriebssystems

Thomas Frietsch

Handlungsorientierte Erarbeitung der Installation eines Betriebssystems, exemplarisch dargestellt am Beispiel von Windows XP, im Lernfeld 4 der Klasse E1EA mit Hilfe von VirtualBox

GRIN Verlag

GRIN - Your knowledge has value

Der GRIN Verlag publiziert seit 1998 wissenschaftliche Arbeiten von Studenten, Hochschullehrern und anderen Akademikern als eBook und gedrucktes Buch. Die Verlagswebsite www.grin.com ist die ideale Plattform zur Veröffentlichung von Hausarbeiten, Abschlussarbeiten, wissenschaftlichen Aufsätzen, Dissertationen und Fachbüchern.

Besuchen Sie uns im Internet:

http://www.grin.com/

http://www.facebook.com/grincom

http://www.twitter.com/grin_com

Handlungsorientierte Erarbeitung der Installation eines Betriebssystems, exemplarisch dargestellt am Beispiel von Windows XP, im Lernfeld 4 der Klasse E1EA mit Hilfe von VirtualBox

Ausbildungsfach: System- und Informationstechnik

Verfasser: Frietsch, Thomas

Im Januar 2009

Inhaltsverzeichnis

1 Einleitung

1.1 Fachtheoretische Auseinandersetzung mit dem Thema

Virtuellen Maschinen, die von sogenannter Virtualisierungssoftware bereitgestellt werden, werden in der IT-Welt ein immer höherer Stellenwert zugesprochen. Die Software VirtualBox[1] des Softwarekonzerns Sun Microsystem ist solch eine Virtualisierungssoftware.

Eine Virtuelle Maschine bezeichnet einen rein aus Software bestehenden Rechner, der als Prozess auf einem sogenannten Host-Betriebssystem ausgeführt wird. Auf diesem virtuellen Rechner lassen sich wiederum andere Betriebssysteme installieren. Die Virtuelle Maschine, die auf einem physikalisch vorhandenen Rechner installiert ist, wird als Gast bezeichnet. Dabei weiß das Gast-Betriebssystem jedoch nicht, dass es nicht auf einem tatsächlich vorhandenen PC ausgeführt wird und sämtliche Hardware, die es erkennt und steuert, nur von der Virtualisierungssoftware softwarebasiert simuliert wird. „Den einzelnen Gast-Systemen wird dabei jeweils ein eigener kompletter Rechner mit allen Hardware-Elementen (Prozessor, Laufwerke, Arbeitsspeicher, usw.) vorgegaukelt." (Wikipedia)

Diese Hardwareeigenschaften, wie beispielsweise die Größen von Festplatte oder Arbeitsspeicher, können bei VirtualBox benutzerfreundlich über eine grafische Benutzeroberfläche eingestellt werden. Grenzen dieser Einstellung sind nur durch die Grenzen des Host-Rechners gegeben. Es kann demnach nicht mehr Arbeitsspeicher dem Gast zu Verfügung gestellt werden, als der Host auch tatsächlich eingebaut hat. Abzüglich selbstverständlich der Größe, die das Hostbetriebssystem selbst benötigt.

Doch wozu können diese Virtuelle Maschinen verwendet werden? Ein häufiges Einsatzszenario ist im Bereich der Softwarekompatibilität gegeben. Gerade ältere Anwendungsprogramme können bei modernen Betriebssystemen zu Abstürzen führen. Hier bietet sich an, auf eine Virtuelle Maschine ein kompatibles Betriebssystem zu installieren und das Programm dort auszuführen. Aber auch Kosteneinsparungen lassen sich durch den Einsatz von Virtuellen Maschinen erzielen. Webhoster bieten ihren Kunden virtuelle Webserver an. Statt jedem Kunden einen einzelnen teuren Webserver nebst Hardware zu vermieten, der zudem nur geringe Auslastungen auf-

---

[1] http://www.virtualbox.org

weißt, können beispielsweise zehn Kunden jeweils einen eigenen Virtuellen Server auf einem einzigen physikalisch vorhandenen Rechner ausführen. Dies spart neben der Bereitstellung der Hardware auch Stromkosten und lastet zusätzlich die eingesetzte Hardware optimal aus.

Bei der Installation eines Betriebssystems auf dem Gast-System wird eine Datei auf dem Host-System erzeugt, welche die Festplatte des Gastes abbildet. Diese Datei kann dann beispielsweise zu Diagnosezwecken weitergegeben werden, unabhängig vom Betriebssystem des Hosts. So gibt es für die im Unterricht verwendete Virtualisierungssoftware VirtualBox Versionen für Windows, OS X, Linux und Solaris.

Einer der Nachteile durch die Verwendung von Virtuellen Maschinen ist, dass diese zusätzliche Systemressourcen des Hosts benötigen. Darüber hinaus werden Programme auf den Gast-Systemen durch die notwendigen Übersetzungen nicht in der Geschwindigkeit umgesetzt, wie wenn diese direkt auf einem gleichwertigen Rechner ausgeführt werden würde.

1.2 Pädagogische Anforderungen an den Unterricht zur Stärkung der beruflichen Handlungskompetenz der Schüler

Das Erreichen beruflicher Handlungskompetenz bestimmt den Bildungsauftrag der Berufsschule (Kultusministerkonferenz, 2003, S. 4). Doch was bedeutet „berufliche Handlungskompetenz" überhaupt?

Im Vorwort des Rahmenlehrplans für den gewählten Ausbildungsberuf wird berufliche Handlungskompetenz „verstanden als die Bereitschaft und Fähigkeit des Einzelnen, sich in gesellschaftlichen, beruflichen und privaten Situationen sachgerecht, durchdacht sowie individuell und sozial verantwortlich zu verhalten" (Kultusministerkonferenz, 2003 S. 4). Sie umfasst dabei die Zieldimensionen:

- Fachkompetenz
- Sozialkompetenz
- Personalkompetenz
- Lern- und Methodenkompetenz

Ein Unterricht, der zum Ziel hat, eben diese berufliche Handlungskompetenz zu stärken muss auch die Aspekte behandeln, die über das reine Erreichen von Fachkompetenz hinausgeht.

Ein Unterrichtsmodell, das dem Erwerb und der Stärkung beruflicher Handlungskompetenz in besonderem Maße Tribut zollt, ist der sogenannte „Handlungsorientierte Unterricht". „Handlungsorientierter Unterricht ist ein ganzheitlicher und schüleraktiver Unterricht, in dem zwischen dem Lehrer und den Schülern vereinbarten Handlungsprodukte die Organisation des Unterrichtsprozesses leiten, sodass Kopf- und Handarbeit der Schüler in ein ausgewogenes Verhältnis zueinander gebracht werden können." (Meyer, 1987, S. 402)

Wie aus dem Zitat von Meyer ersichtlich, steht am Ende eines handlungsorientierten Unterrichts ein Handlungsprodukt. Dieses Handlungsprodukt ist auch tatsächlich ein Produkt im eigentlichen Sinne. Etwas, dass die Schüler anfassen können. Etwas, dass sie vorher gebaut, programmiert, erforscht oder auf sonst auf irgendeine Art hergestellt haben. Im Fall des hier dokumentierten Unterrichts ist das Handlungsprodukt eine von den Schülern selbst erstellte Bedienungsanleitung, welche die Installation des Betriebssystems Windows XP für einem bestimmten Anwendungszweck beschreibt.

Der eigentliche Kompetenzzuwachs entsteht nicht nur aus dem Handlungsprodukt, sondern im Besonderen auch durch den Weg, wie dieses Produkt entstanden ist. Dieser Weg, von Meyer auch als Erarbeitungsphase bezeichnet, ist von Schüler zu Schüler individuell. Die Wissensstruktur, die sich dabei in den Köpfen der Schüler entfaltet, wird hierbei nicht durch die vorgegebene Struktur des Lehrers indoktriniert. Der Schüler kann dabei das Handlungsprodukt anhand von individuellem Vorwissen und eigener Erfahrung, erarbeiten sowie neues Wissen und neue Kompetenzen damit verknüpfen.

Kritiker gehen unter anderem aus diesem Grund dem handlungsorientierten Unterrichtskonzept aus dem Weg. Denn handlungsorientierter Unterricht ist offener, spannender und eben auch risikobehaftet. Als Lehrer ist es nicht möglich 100-prozentig zu garantieren, ob am Ende das Handlungsprodukt herauskommt, das geplant war. In diesem Fall muss man als Lehrer „cool bleiben". Die Rolle des Lehrers beim handlungsorientierten Unterricht ist weg vom Wissensvermittler und hin zum Moderator.

Schüler, die erkennen, dass ihr Handlungsprodukt fehlerhaft ist, haben trotzdem etwas gelernt. Etwas ganz Einfaches: „So geht es nicht". Denn auch diese Erfahrung hilft den Schülern dabei, in künftigen ähnlichen beruflichen Situationen richtig zu handeln. „Beim handlungsorientierten Lernen wird der Erkenntnisgewinn nicht nur aus dem Handlungsergebnis bestimmt, sondern ebenso vom Weg und der Lösungsmethode." (Ott, 1997, S. 40)

Über all dem schwebt der Begriff der sogenannten „Vollständigen Handlung", der sich durchaus auch als Raster für eine Unterrichtsplanung einsetzen lässt. Handlungsorientierter Unterricht bzw. auch jede berufliche Handlung durchläuft immer diese sechs Phasen, die in Abbildung 1 dargestellt sind.

Abbildung 1: Zyklus einer vollständigen Handlung (Pampus, 1987, S. 47)

Jegliche Handlung in Schule, Betrieb oder auch im Alltag lässt sich durch dieses Modell beschreiben. Im Folgenden eine Beschreibung der einzelnen Schritte:

- Informieren:
  Was soll getan werden? Was ist das Ziel?
- Planen:
  Wie geht man vor? Was brauche ich an Informationen?
- Entscheiden:
  Fachgespräche mit Ausbilder oder Gruppe: Welchen Weg gehe ich?
- Ausführen:
  Ausführen der erforderlichen, selbst geplanten Arbeitsschritte
- Kontrollieren:
  Habe ich mein Ziel fach- und sachgerecht erreicht?

- Bewerten:
  Was kann ich in Zukunft besser machen?

Von besonderer Bedeutung, wie bereits auch schon angeklungen, ist der letzte Punkt, das Bewerten des eigenen Handelns. Dieser Schritt hilft den Lernenden ähnliche Handlungen zukünftig besser zu machen und ihre Leistung zu optimieren. Erst wenn alle sechs Punkte durchlaufen sind, kann eine neue Handlung beginnen.

Auch die Leistungsbewertung unterscheidet sich beim handlungsorientierten Unterricht von der, wie sie bei traditionellen Unterrichtsformen der Fall ist. In der Berufsschule wird diesem Umstand im Besonderen Rechnung getragen. Neben der Fachkompetenznote, in der vor allem fachwissenschaftliche Klassenarbeiten berücksichtigt werden, gibt es darüber hinaus eine Projektkompetenznote. In dieser findet eine Bewertung statt, in wiefern ein Schüler in der Lage ist, gegebene Handlungs- bzw. Arbeitsaufträge fachlich richtig und vor allem auch zielgerichtet zu bearbeiten. Es spielen dort auch Aspekte mit ein, ob der Schüler beispielsweise in der Lage ist in einer Gruppe zu arbeiten, er objektiv seine Arbeit bewerten kann oder gegebene Werkzeuge optimal und fachlich richtig einsetzt.

2 Didaktische Analyse

Der Unterricht für die E1EA findet im Blockunterricht von je zweiwöchiger Dauer statt. In der dokumentierten Unterrichtseinheit waren die Schüler im zweiten Block anwesend, der vom 16.11.-27.11.2009 dauerte. Die dokumentierten Stunden fanden am 16.11. (2h) sowie am 19.11. (4h) statt. Zusätzlich fand am 26.11. noch eine Klassenarbeit statt, in der Inhalte aus dieser Unterrichtseinheit ebenfalls Teil der Fragestellungen waren.

2.1 Anthropogene Voraussetzungen der Auszubildenden

Die 15 Schüler der E1EA sind ausschließlich männlichen Geschlechts im Alter zwischen 16 und 20 Jahren. Ein Schüler besitzt einen Hauptschulabschluss, zwei Schüler die Allgemeine Hochschulreife sowie zwei Schüler die Fachhochschulreife. Alle anderen Schüler sind Besitz des mittleren Bildungsabschlusses, wobei ein Schüler diesen an der zweijährigen Berufsfachschule Elektrotechnik (2BFE), die anderen an einer Realschule erworben haben.

Die beiden Schüler mit der Fachhochschulreife haben zuvor das 1BK2EEG absolviert und somit bereits die Berufsschulabschlussprüfung zum Elektroniker Fachrichtung Energie- und Gebäudetechnik gemacht. Zusammen mit dem Schüler aus der 2BFE haben alle drei schon zuvor diese Schule besucht, und zusätzliche die Inhalte von Lernfeld vier bereits kennengelernt.

Alle Schüler kommen aus der unmittelbaren Region und sind keiner Minderheit zugehörig. Sprachschwierigkeiten sind nicht zu erwarten.

Bis auf drei Schüler sind alle beim gleichen Ausbildungsbetrieb unter Vertrag.

2.2 Lehrplanbezug der Unterrichtseinheit

Im Lernfeld vier des Ausbildungsberufes Elektroniker für Automatisierungstechnik („Informationstechnische Systeme bereitstellen") finden sich folgende Bezüge:

- „Die Schülerinnen und Schüler installieren und konfigurieren informationstechnische Systeme sowie aufgabenbezogen Standard- und anwendungsspezifische Software und wende diese an.
- Die Schülerinnen und Schüler dokumentieren und präsentieren die Arbeitsabläufe und -ergebnisse zur Bereitstellung von informationstechnischen

Systemen. Dazu setzen sie Software zur Textgestaltung, Tabellengestaltung, grafischen Darstellung und Präsentation ein." (Kultusministerkonferenz, 2003, S. 12)

Darüber hinaus finden sich in den Standards zur Umsetzung der neu geordneten Elektroberufe für Lernfeld vier unter dem Inhalt Betriebssysteme die Punkte:

- 4.4.1: Aufgaben eines Betriebssystems benennen.
- 4.4.2: Installation und Konfiguration durchführen.

2.3 Einbindung der Unterrichtseinheit in die Grobplanung

Vor dieser Unterrichtseinheit wurde die Klasse lediglich sechs Stunden im Lernfeld vier unterrichtet. In diesen wurde folgender Inhalt vermittelt:

- Daten und Informationen
- EVA-Prinzip
- Darstellung von Informationen (binäres und hexadezimales Zahlensystem)
- Betriebssysteme
  - o Aufgaben
  - o Prozessmanagement
  - o Dateisysteme

Anschließend an die dokumentierte Unterrichtseinheit folgt direkt eine Kurzeinheit zur Gegenüberstellung aktueller Betriebssysteme. Dies alles wird mit einer Klassenarbeit abgerundet.

Im Anschluss daran folgen die Themen „Hardware" sowie „Anwendungssoftware", die parallel unterrichtet werden.

2.4 Bedeutung der Inhalte für die Auszubildenden

Auch wenn die Ausführungen im Rahmenlehrplan sowie in den Standards keine Vorgabe machen, welches Betriebssystem, aus der Vielzahl der auf dem Markt erhältlichen Betriebssysteme, zu verwenden ist, ergibt sich jedoch anhand der beruflichen Aufgaben des Elektronikers für Automatisierungstechnik die Tendenz hin zu Windows XP. Wie bereits in den anthropogenen Voraussetzungen der Schüler beschrieben, sind so gut wie alle Auszubildenden beim gleichen Ausbildungsbetrieb unter Vertrag. Dieser Betrieb setzt zur Prozessautomatisierung Geräte der Siemens

S7-Reihe ein. Zur Programmierung dieser Geräte wird die Entwicklungsumgebung Simatic Manager verwendet. Diese Entwicklungsumgebung ist derzeit lediglich unter Windows XP lauffähig.

Nun ist es so, dass die Auszubildenden sehr häufig diese Software auch zuhause für Übungszwecke einsetzen. Je nach installiertem Betriebssystem auf den Rechnern der Schüler ist der Simatic Manager dort nicht lauffähig. Unter Verwendung einer Virtuellen Maschine wird es den Schülern möglich gemacht, unabhängig des auf dem Privatrechner installierten Betriebssystems, den Siemens Simatic Manager zu verwenden.

2.5 Lernziele

Richtziel:

- Die Schüler können das Betriebssystem Windows XP auf einer Virtuellen Maschine installieren.

Grobziele:

- Die Schüler können die Funktionsweise einer Virtuellen Maschine beschreiben.
- Die Schüler können die Einsatzmöglichkeiten von Virtuellen Maschinen nennen.
- Die Schüler können das Programm VirtualBox installieren.
- Die Schüler können das Programm VirtualBox nach Vorgabe konfigurieren.
- Die Schüler können Windows XP einsprechend einer Arbeitsanweisung konfigurieren.
- Die Schüler können ihre Arbeit mithilfe eines Textverarbeitungsprogramms dokumentieren.

Feinziele:

Kognitiv:

- Die Schüler können das Internet zu Recherche bestimmter Sachverhalte gezielt nutzen.
- Die Schüler können einen Sachverhalt im Plenum fachlich korrekt präsentieren.

- Die Schüler können gemeinsam im Plenum fachlich korrekt über Virtuelle Maschinen diskutieren.
- Schüler können gemeinsam Kriterien für eine Dokumentation aufstellen.
- Die Schüler können über Probleme bei der Installation und Konfiguration von VirtualBox fachlich richtig berichten.
- Die Schüler können Stolpersteine bei der Konfiguration von VirtualBox nennen.
- Die Schüler können Einträge in der Windows-Registy ändern.
- Die Schüler können eine Partition mithilfe der Datenträgerverwaltung erstellen.
- Die Schüler können Informationen kreativ darstellen.

Affektiv:

- Die Schüler können ihre eigenen Fähigkeiten objektiv einschätzen.
- Die Schüler können gemeinsam in Gruppen zielgerichtet arbeiten.
- Die Schüler können ihren Wissenszuwachs objektiv einschätzen.

Psychomotorisch:

- Die Schüler können ein Plakat gestalten.

3 Planung der Unterrichtseinheit

3.1 Räumliche und technische Voraussetzungen der Schule

Die Unterrichtsräume, in denen der Unterricht stattfindet, sind, zumindest was die für den Unterricht benötigten Geräte angeht, baugleich. Es handelt sich dabei um die Technologielabore für das Fach Elektrotechnik. Beide Räume sind zweigeteilt. In einer Hälfte kann klassischer Theorieunterricht durchgeführt werden, während sich im hinteren Teil des Zimmers Schülerarbeitsplätze befinden, die mit PC und diversen anderen elektrotechnischen Laborgeräten ausgestattet sind, welche aber für diesen Unterricht nicht relevant sind.

Alle PCs sind ins Schulnetzwerk eingebunden und verfügen über folgende Hardwareausstattung:

- Pentium IV / 2,6 GHz
- 1 GB Arbeitsspeicher
- 160 GB Festplatte (30 GB Partition – voll belegt / 130 GB nicht partitioniert)

Als Betriebssystem kommt Windows XP zum Einsatz. Besonderer Beachtung gebührt der Einbindung der Rechner in das Schulnetzwerk. Alle Rechner stellen beim Hochfahren Verbindung mit einem sogenannten „Self-Healing-Network" (SHN) auf. Vorteil dieses Netzwerkes ist, dass jeder Rechner beim Start sein Betriebssystem mit einem Betriebssystemimage, das auf einem Server bereitgestellt ist, synchronisiert. Vorteil dieses Verfahrens ist es, dass jeder Benutzer sicher sein kann, dass das System funktioniert, alle Programme ordnungsgemäß installiert sind und funktionieren. Treibt ein Benutzer Unfug am Rechner, so ist dieser nach dem Neustart behoben. Nicht zu vergessen ist auch, dass dieses System zur Vermeidung von Systemausfällen aufgrund von eingeschleppter Schadsoftware vorteilhaft ist.

Für diesen speziellen Unterricht ist das SHN-System mit Vorsicht zu genießen. Muss aus irgendeinem Grund der Rechner neu hochgefahren werden, so ist alle bisher gemachte Arbeit verloren.

Die Installation des Betriebssystems auf der virtuellen Maschine erfolgt auf einer virtuellen Festplatte. Einer Datei mit einer Größe von ca. 1,2 GB nach Abschluss der Installation. Diese Datei muss von den Schülern auf die noch leere 130 GB große Partition gespeichert werden. Diese Partition ist nach Neustart des Rechners gelöscht, selbst wenn man die automatische Synchronisierung mit dem Betriebssystemimage umgeht.

3.2 Methoden und Auswahl der Medien

Mit der Zielsetzung, den Unterricht handlungsorientiert zu gestalten, wird dieser Unterricht in erster Linie schüleraktiv gestaltet. Quasi von Beginn an arbeiten die Schüler in Partner- bzw. Gruppenarbeit. Da die meisten Schüler bisher keinen Kontakt mit dem beruflichen Bildungswesen hatten, ist es besonders wichtig die Schüler langsam an die handlungsorientierte Arbeitsweise in der Berufsschule hinzuführen. Es wird daher nicht von den Schülern verlangt, dass sie bereits selbstständig nach dem Schema der vollständigen Handlung das Handlungsziel erreichen.

Zu Beginn der Stunde, als Motivation, steht eine kurze Präsentation des Lehrers, in der er kurz eine Virtuelle Maschine demonstriert. Außer zur Klärung der jeweiligen Arbeitsaufträge ist dies die einzige Stelle, in der auf die Sozialform Lehrervortrag zurückgegriffen wird. Es obliegt also den Schülern, die Inhalte der Unterrichtseinheit mitzugestalten.

Man kann den durchgeführten Unterricht in fünf aufeinander aufbauende Einheiten einteilen. Diese lauten wie folgt:

1. Klärung des Handlungsziels.
2. Erarbeiten der vorbereitenden Maßnahmen zur Installation eines Betriebssystems.
3. Informationen, Installation und Konfiguration von virtuellen Maschinen.
4. Installation des Betriebssystems Windows XP.
5. Erstellen der Dokumentation.

Diese fünf Einheiten werden im nächsten Kapitel bei der Betrachtung der Unterrichtsdurchführung zur Orientierung weiter verwendet.

Als Methode, zur Erarbeitung der vorbereitenden Maßnahmen zur Installation eines Betriebssystems, wird Mindmapping verwendet. Um in diesem Punkt möglichst flexibel agieren zu können, wird das Mindmap rechnergestützt erstellt.

Der nächste Punkt, in dem besondere Methoden eingesetzt werden, ist bei der Informationsfindung über Virtuelle Maschinen. Jeweils in Vierergruppen sollen sich die Schüler, mit Hilfe von Leitfragen, die Funktionsweise dieser erschließen. Mittels

Metaplanwand sollen die Schüler die daraus gewonnenen Erkenntnisse grafisch dar-stellen. Dies ist durchaus ein heikler Punkt, denn er erfordert von den Schülern eine gewisse Affinität zur Kreativität. Die abstrakten und hochtechnischen Erläuterungen auf einschlägigen Webseiten zu verstehen, die Leitfragen daraus zu beantworten und die Erkenntnisse grafisch sinnvoll darzustellen erfordert eine hohe kognitive Leistung der Schüler.

Wie bereits zu Beginn des Kapitels erwähnt, findet der restliche Ablauf der Unter-richtseinheit in Partnerarbeit vor den Rechnern statt. Der Lehrer ist während der Aus-führung der Schüleraufgaben zur Zurückhaltung angehalten. Die Schüler sollen dadurch lernen, Probleme mit selbst zu lösen, auftretende Fehler logischen zu hinter-fragen und Lösungsstrategien zu entwickeln.

3.3 Lernzielkontrolle

Als zusammenfassende Lernzielkontrolle ist in erster Linie die von den Schülern selbst erstellte Dokumentation. Im Laufe des Unterrichtsprozesses ergeben sich jedoch Punkte, an denen eine Teillernzielkontrolle sich als sinnvoll erweist.

Nachdem die Schüler in Internet die Funktionsweise einer Virtuellen Maschine recherchiert, sowie deren Funktionsweise auf einem Plakat dargestellt haben, präsentiert eine der Gruppen ihr Plakat. Den restlichen Schüler wird dabei die Ge-legenheit gegeben, Unklarheiten im Plenum zu diskutieren. Zu wesentlichen Aspekten einer Virtuellen Maschine werden an dieser Stelle vom Lehrer Fragen an die Schüler gestellt, sofern diese innerhalb der Präsentationsphase nicht geklärt werden konnten.

Ein weiterer wichtiger Zeitpunkt innerhalb des Unterrichts um eine Teillernziel-kontrolle durchzuführen, ergibt sich nach der Installation des Programmes VirtualBox. Während der Installation und Konfiguration gibt es einige Fallen, in die der Schüler leicht tappen kann. An dieser Stelle sei beispielsweise genannt, dass der Speicherort der virtuellen Festplatte nicht auf Laufwerk C: sein darf, da dort zu wenig Speicherplatz zur Verfügung steht. Es ist also darauf zu achten, dass die Schüler als Speicherort die freie Partition E: auswählen.

Vorteilhaft zur Durchführung dieser Teillernzielkontrollen ist der Raum, in dem der Unterricht stattfindet. Durch die strikte Trennung von Theorie- und Praxisbereich holt man die Schüler von den Rechnern weg. Dies sorgt dafür, dass die Aufmerksamkeit der Schüler nicht durch den PC beeinflusst wird.

Da die Installation des Betriebssystems Windows XP eine zeitaufwendige Angelegenheit ist, erfolgen ab dieser Stelle keine gemeinsamen Teillernzielkontrollen mehr. Der individuelle Fortschritt der Schülergruppen macht dies auch unpraktikabel. Ab diesem Punkt ist es vielmehr notwendig die Schüler individuell zu betreuen, um deren Lernfortschritt zu erfassen.

4 Durchführung der Unterrichtseinheit

4.1 Klärung des Handlungszieles

Zu Beginn der Unterrichtstunde wurde den Schülern das Handlungsziel vorgegeben. Von den Schülern soll eine Dokumentation erstellt werden, die den Installationsprozess von Windows XP erklärt.

Als Motivation zu Unterrichtsbeginn stand die Demonstration des fertigen Handlungsproduktes. Mittels Beamerprojektion wurde den Schülern demonstriert, wie Windows XP aus einer Virtuellen Maschine heraus gestartet wurde. Als Host-Betriebssystem diente Windows 7. Als weitere Demonstration wurde zusätzlich noch Ubuntu Linux als Gast-Betriebssystem gezeigt.

Die Schüler sollten daraufhin ihre eigene Erfahrung im Bezug auf ihre Fähig- und Fertigkeiten bei der Installation des Betriebssystems Windows XP einschätzen. Diese Einschätzung erfolgte anonymisiert[2], sodass kein Schüler sich bloßgestellt fühlen musste. Entlang einer Linie mit den Endpunkten „keine Ahnung, noch nie gemacht" sowie „profihaft, schon öfters gemacht" klebten die Schüler rote Punkte.

Rund die Hälfte der Schüler bewertete seine Erfahrungen im Bereich mit wenig mit mittelmäßiger Erfahrung. Die andere Hälfte der Schüler bewertete die eigenen Erfahrungen im Bereich mittelmäßig bis gut. Keiner der Schüler traute sich jedoch an das rechte Ende, das „profihafte" Erfahrungen voraussetzte (vgl. Abbildung 4, S. 23).

4.2 Erarbeitung der vorbereitenden Maßnahmen zur Installation eines Betriebssystems

In dieser Unterrichtseinheit gehen die Schüler der Frage nach: „Was muss ich alles beachten bzw. tun, bevor ich mit der Installation eines neuen Betriebssystems beginnen kann?" Zur Beantwortung dieser Fragenstellung wurde gemeinsam ein Mindmap erstellt. Dazu wurde das Programm FreeMind[3] verwendet.

Die Schüler erarbeiteten folgende Punkte:

---

[2] Zum Schutz des ersten Schülers wurde bereits vom Lehrer ein Klebepunkt vorgegeben, der vor dem Umdrehen wieder abgelöst wurde.
[3] http://freemind.sourceforge.net

Abbildung 2: Mindmap (Vorbereitende Maßnahmen zur Installation eines Betriebssystems)

Nicht alle Punkte waren dabei unumstritten. Insbesondere Schüler, die bereits Erfahrung mit der Installation von Windows XP hatten, diskutierten, ob der Punkt „Festplatte formatieren" dazugehöre, da während des Installationsprozesses dies eh automatisch geschehe[4]. Die Klasse einigte sich darauf, diesen Punkt beizubehalten. Ebenfalls ein umstrittener Punkt war die Datensicherung. Diese ist natürlich nur notwendig, wenn auf dem Rechner zuvor ein anderes Betriebssystem installiert war.

Im Anschluss erarbeiteten sich die Schüler in Partnerarbeit die Systemanforderungen, die speziell für Windows XP vorausgesetzt werden, anhand einer Internetrecherche. Alle Gruppen kamen dabei auf gleiche Ergebnisse. Diskussionswürdig war die Herstellerangabe, dass eine Soundkarte notwendig sei. Mit Ausnahme der tatsächlich nicht benötigten Soundkarte wurden die Ergebnisse an der Tafel festgehalten.

4.3 Information, Installation und Konfiguration von Virtuellen Maschinen

Die nun folgende Unterrichtseinheit fand in zwei unterschiedlichen Unterrichtsstunden statt. Nachdem die Virtuelle Maschine grundlegend durch eine Beamerdemonstration gezeigt wurde, war es im Folgenden Aufgabe der Schüler sich näher mit der Materie zu beschäftigten.

In Vierergruppen sollte, unterstützt durch Leitfragen, eine Internetrecherche zu prinzipiellen Fragen rund um die Virtuelle Maschine durchgeführt werden (vgl. Anhang 9.2, S. 34). Die Zusammensetzung der Gruppe wurde dabei den Schülern selbst überlassen. Ziel war es, dass am Ende der Unterrichtsstunde jeder Gruppe ein Plakat passend zu den Leitfragen gestaltet und vor der Gruppe präsentiert hat.

---

[4] Dateisysteme wurden bereits in vergangenen Stunden behandelt.

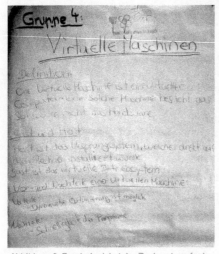

Abbildung 3: Ergebnisplakat der Rechercheaufgabe

Auf Abbildung 3 (S. 20) ist ein exemplarisches Ergebnisplakat abgebildet.

Vergleicht man das Plakat mit dem entsprechenden Wikipedia-Artikel, so erkennt man, dass die Informationen lediglich abgeschrieben wurden. Ob die Eigenschaften der Virtuellen Maschine von den Schülern verstanden wurden, konnte daher anhand des Plakates nicht festgemacht werden. Es folgte eine schlussendliche Klärung der Fragestellung im Gespräch um Missverständnisse zu vermeiden, die bei einigen Schülern noch vorherrschten.

Aufbauend auf die erarbeitenden Erkenntnisse begann die kommende Unterrichtsstunde mit einer Kurzwiederholung. Als nächstes Zwischenziel sollte nun die Software VirtualBox installiert und gemäß den Vorgaben auf Arbeitsblatt 2 (vgl. Anhang 9.2, S. 34ff.) konfiguriert werden. Selbstverständlich nochmals mit dem Hinweis, dass auf keinen Fall der Rechner neu gestartet werden darf, da sonst alle bisherige Arbeit vernichtet ist. Dies kam auch bis zum Ende der gesamten Unterrichtseinheit nicht vor.

Die Installationsdatei von VirtualBox war für die Schüler im Schulnetz bereitgestellt. Die Installation lief weitestgehend problemlos. Jedoch ein Punkt erforderte im Anschluss nochmals einer Klärung. Während des Installationsprozesses will VirtualBox die Gerätetreiber für die virtuelle Netzwerkschnittstelle und den virtuellen USB-Controller installieren. Diese sind nicht von Microsoft zertifiziert. Die Schüler mussten in diesem Fall bestätigen, dass sie sich des Risikos bewusst sind. Anschließend folgte die Konfiguration der Virtuellen Maschine, auf die später Windows XP installiert werden sollte.

Das Vornehmen der Konfiguration der Virtuellen Maschine blieb absichtlich voll und ganz den Schülern überlassen. Ob die eingestellten Parameter richtig waren, sollte sich erst im nächsten Schritt zeigen, wenn es um die Installation von Windows XP geht. Zuvor präsentierte jedoch ein Schüler seine Lösung, in dem er sowohl Installation als auch Konfiguration am Lehrerrechner vorführte. Die restlichen Schüler konnten dabei im Plenum dem Tun des Schülers folgen und bei Unklarheiten sofort nachhaken.

4.4 Installation des Betriebssystems Windows XP

Da nun die Konfiguration für die Virtuelle Maschine vorgenommen war, und in der anschließenden Lernzielkontrolle eigentlich alle eventuellen Fehler ausgemerzt sein sollten, kam es doch bei einigen, wenn auch wenigen Schülern, zu Fehlermeldung gleich zu Beginn der Installation von Windows XP. Obwohl der Fehler von VirtualBox detailliert erklärt wurde, riefen die Schüler gleich nach dem Lehrer, statt sich die Fehlermeldung durchzulesen.

Dieses Verhalten war leider viel zu oft erkennbar und die Schüler wirkten bei auftretenden Problemen zusehends hilflos. Problem- bzw. Fehlerlösungskompetenz war nur bei einem kleinen Teil der Schüler ausgeprägt. In den Fällen, in denen Hilfe vom Lehrer verlangt wurde, trat dieser jedoch nur als „Tippgeber", nicht als „Problemlöser" auf. Beispielsweise war ein häufiger Fehler, dass die virtuelle Festplatte an einem falschen Speicherort abgelegt war (vgl. Kapitel 3.1).

Wiederum groß war die Anzahl der Gruppen, die bei den regionalen Einstellungen, die während der Installation abgefragt werden, das Tastaturlayout auf „Deutsch" änderten. Andernfalls ist die Eingabe von Sonderzeichen nur erschwert möglich. Diesem Sachverhalt wird auch im Arbeitsauftrag als Hinweis Genüge getan.

Mit fortschreitendem Unterrichtsablauf konnte man bei den Schülern feststellen, dass die Bereitschaft Probleme selbst zu lösen stieg. Dies merkte man vor allem daran, dass die Installation und anschließende Konfiguration von Windows XP in allen Gruppen anscheinend recht problemlos lief. Selbst die Änderung des Registy-Schlüssels zur Änderung des Standardinstallationsordners meisterten die Schüler.

Das Wort „anscheinend" sei an dieser Stelle absichtlich verwendet. Aufgrund technischer Schwierigkeiten, die im folgenden Kapitel näher beschrieben werden, stellten die Schüler die Arbeit zu Hause fertig. Eine Wertung des restlichen Installationsfortschrittes konnte daher nur aus der Dokumentation abgeleitet werden.

Die entsprechenden virtuellen Festplatten-Dateien konnten dazu einfach per USB-Stick transportiert werden[5].

4.5 Erstellen der Dokumentation

Die Erstellung der Dokumentation erfolgte parallel zur Installation des Betriebssystems. Die Installation ist sehr zeitaufwendig, ohne dass eine Benutzerinteraktion notwendig ist.

Da beide Punkte gleichzeitig erledigt werden konnten, erfolgte noch vor Start der Installation eine gemeinsame Festlegung auf Mindestkriterien, welche die Dokumentation aufzuweisen hat.

Von den Schülern wurden dabei folgende Punkte genannt:

- viele Bilder / wenig Text
- Deckblatt
- Ansprechende Optik

Zusätzlich zu diesen Kriterien wurde noch folgendes vereinbart:

- Inhaltsverzeichnis
- Seitenzahlen

Kurzum: Um die Kriterien in einem Satz zu benennen, wurde folgende Aussage von der Klasse aufgestellt: „Die Dokumentation sollte so klar dargestellt sein, dass ein Laie Windows XP installieren könnte."

Auf den Schulrechnern ist als einziges Textverarbeitungsprogramm Microsoft Word 2003 installiert. Neben der eigentlichen Dokumentation der Arbeit, die auch den Schülern selbst hilft, falls Sie sich selbst mal in der Lage sehen Windows XP installieren zu müssen (vgl. Kapitel 2.4), verfolgt die Dokumention auch ein zweites Ziel. Nach Rahmenlehrplan sollen die Schüler Standardsoftware anwenden können (vgl. Kapitel 2.2). In einer der nächsten Unterrichtsstunden ist geplant genauer auf Word einzugehen, damit die Schüler dies zukünftig professionell einsetzen können. Während der Erstellung der Dokumentation war es nun für den Lehrer möglich die

---

[5] Aus lizenzrechtlichen Gründen wurden die Schüler darauf hingewiesen, die Dateien nach Abschluss der Arbeit zu löschen.

bisherigen Fähig- und Fertigkeiten der Schüler im Umgang mit Microsoft Word zu ergründen.

Die parallele Arbeit zwischen Installation und Dokumentation lief bis zu einem gewissen Zeitpunkt recht gut. Gegen Ende der Stunde fiel für eine kurze Zeitspanne das Schulnetzwerk aufgrund von Wartungsarbeiten aus. Da die Schüler ihre Dokumente im Netzwerk immer wieder zwischenspeicherten, stürzte bei einer nicht geringen Anzahl von Gruppen das Textverarbeitungsprogramm ab. So konnte die Dokumentation erst weitergeführt werden, als das Schulnetzwerk wieder online war.

Aufgrund der entstandenen Verzögerung – man musste bedenken dass bei den Schülern die gesamte Arbeit seit dem letzten Speicherpunkt verloren war – konnten die Schüler die letzen Konfigurationsschritte sowie das Abschließen der Dokumentation nicht mehr im Unterricht durchführen. Die Schüler stellten dies, wie bereits unter Kapitel 4.4 erläutert, zu Hause fertig. Die fertiggestellte Dokumentation sollte binnen einer Woche per E-Mail an den Lehrer gesandt werden. Eine ausgewählte Schülerdokumentation, die besonders gelungen erscheint, ist im Anhang unter Punkt 9.3 ab Seite 37 abgedruckt.

Abbildung 4: Eigene Einschätzung der Schüler
(rot: vorher / grün: nachher)

Zum Abschluss der Stunde stand noch eine Neubewertung der eigenen Fähig- und Fertigkeiten bei der Installation von Windows XP aus.

Wie in Abbildung 4, S. 23, ersichtlich fand doch ein enormer Wissenszuwachs statt. Alle Schüler sind der Meinung, dass Sie eine Mittlere bis profihafte Erfahrung bei der Installation von Windows XP haben.

5   Leistungskontrolle

Zur Beurteilung der Schülerleistungen wurden in dieser Unterrichtseinheit zwei Erhebungen durchgeführt. Zum Einen wurde die von den Schülern erstelle Installationsanleitung nach bestimmten Kriterien bewertet. Zum Anderen schrieben die Schüler auch eine Klassenarbeit, bei der jedoch auch Inhalte über diese Unterrichtseinheit hinaus abgefragt wurden.

5.1   Bewertung der Dokumentation

Die Kriterien zur Bewertung der Schülerdokumentation wurden zum Teil von den Schülern selbst aufgestellt (vgl. Kapitel 4.5). Dies können jedoch nicht alle Bewertungskriterien sein. So kommt beispielsweise die fachliche Korrektheit dort zu kurz, die bei der abschließenden Bewertung unbedingt berücksichtigt gehört.

Selbstverständlich können auch nicht alle Kriterien gleich stark bewertet werden. Die fachlichen Details müssen einen höheren Stellenwert einnehmen wie die Gestaltung der Anleitung. Ziel ist es ja, dass ein Mitarbeiter damit arbeiten kann und sein Ziel erreicht. Eine optisch gute Aufarbeitung kann da nur unterstützend wirken.

Schlussendlich wurden die Gruppenarbeiten nach einem Bewertungsbogen, der im Anhang unter Punkt 9.3 auf Seite 37 abgedruckt ist, benotet. Bei den Ausprägungen wurde dem linken Feld die Punktzahl „0" und dem rechten Feld die Punktzahl „4" zugewiesen.

Zu den einzelnen Kriterien nun einige Richtlinien, nach denen sich die Punktvergabe orientierte.

- Inhaltsverzeichnis vorhanden
  - o   Nein = 0; Ja=4
- Seitenzahlen vorhanden
  - o   Nein = 0; Ja = 4
- Deckblatt vorhanden
  - o   Nein = 0; Ja = 4 (ein Punkt Abzug bei fehlenden Nachnamen)

- Ansprechende Optik
  - Punktabzug bei:
    - unterschiedlich großen Screenshots
    - zu kleiner / zu großer Schrift
    - störenden Auffälligkeiten
- Anzahl der Screenshots angemessen
  - Punktabzug bei überflüssigen oder vergessenen, wichtigen Screenshots.
- Screenshots gut lesbar
  - Punktabzug wenn Screenshots zu klein oder verpixelt.
- Text und Bild passt zusammen
  - Punktabzug falls Text mit Bild nicht in unmittelbarem Zusammenhang.
- Umfang des Textes angemessen
  - Hier gab es Punktabzug, wenn Aktionen nicht klar genug beschrieben waren.
- Rechtschreibung / Grammatik
- Fachlich korrekt / Alle Aufgaben gelöst
  - Punktabzug pro nicht dokumentierter Aufgabe oder fehlerhafter Durchführung.

Von den insgesamt sieben Gruppen ergab sich folgende Notenübersicht:

Notenbereich	Anzahl der Gruppen
1,0-1,4	4
1,5-1,9	1
2,0-2,4	2
>2,5	0

5.2 Klassenarbeit

Als weitere Leistungskontrolle fand zusätzlich noch eine Klassenarbeit, zeitlich abgesetzt von der dokumentierten Unterrichtseinheit statt. Zudem wurden in ihr auch Inhalte aus vorausgegangenen bzw. nachfolgenden Unterrichtsstunden abgefragt.

Ein Teil der letzten Aufgabe der Klassenarbeit (vgl. Absatz 9.4, S. 38 f.) hatte dabei Bezug auf diese Unterrichtseinheit. Konkret abgefragt wurden die vorbereitenden

Maßnahmen zur Installation von Betriebssystemen sowie eine Erklärung der Virtuellen Maschine.

Als Ergebnis der Klassenarbeit kam folgendes Notenbild zusammen:

Notenbereich	Anzahl der Schüler
1,0-1,4	2
1,5-1,9	7
2,0-2,4	5
2,5-2,9	1
>3,0	0

Betrachtet man nur die Aufgaben, die im direkten Zusammenhang mit dieser Unterrichtseinheit stehen, so zeigt sich nahezu die gleiche Verteilung wie bei der Gesamtbetrachtung der Klassenarbeit.

6 Abschließende Bewertung und Reflexion der Unterrichtseinheit

Ja definitiv, es war ein Risiko die Schüler mit einer solch komplexen Technologie wie Virtuelle Maschinen zu konfrontieren. Und doch, die Wahl die Lehrplaneinheit mit Hilfe von Virtuellen Maschinen durchzuführen würde ich wieder so machen. Grund dafür ist das unschlagbare Argument der Bedeutung des Lerninhalts für die Schüler. Ohne technische Probleme lässt sich somit auf jedem Rechner, unabhängig vom Hostbetriebssystem und ohne Eingriff in dieses der Simatic Manager von Siemens installieren, der für die Arbeit der Elektroniker für Automatisierungstechnik unverzichtbar ist. Windows XP Lizenzen lassen sich heutzutage in Internetauktionsplattformen günstig erwerben.

Als weniger gelungen erachte ich die Phase, in der die Schüler sich über Virtuelle Maschinen informieren und daraus ein Plakat erstellen sollten. Wie ich bereits angesprochen habe, fand nur ein stumpfes Abschreiben des Wikipedia-Artikels statt. Ein richtiges Verständnis fand bei nur bei wenigen Schülern statt. So bemerkte ich große Defizite bei den Schülern gegen Ende der Unterrichtsstunde. Host und Gast sind ja, salopp gesagt, als zwei völlig eigenständige Rechner zu betrachten. Dennoch kam es bei einigen Schülern zu Missverständnissen, warum jetzt Laufwerk C: auf dem Host nicht gleich dem Laufwerk C: auf dem Gastbetriebssystem entspricht.

Als Verbesserungsvorschlag für kommende Unterrichtseinheiten könnte an diesem Punkt eine intensivere Fragestellung des Lehrers am Ende der Schülerpräsentationen stehen. Dass diese Unverständnisse bei den Schülern herrschten, wurde mir leider erst später im Unterricht bewusst.

Positiv wiederum war das gezielte „auflaufen lassen" der Schüler im späteren Unterrichtsverlauf. Teilweise von großer Unselbstständigkeit geprägt verweigerte ich den Schülern die Vorgabe der Lösung. Dies stärkte meines Erachtens nach die Problemlösekompetenz der Schüler. Trotz meiner strikten Zurückhaltung kamen alle Schüler zum Ziel. Weil sie sich zusätzlich stärker mit dem Problem auseinandersetzen mussten, kann auch davon ausgegangen werden, dass ein höheres fachliches Verständnis für den Vorgang stattfand.

Nicht vorhersehbar, jedoch sicherlich einplanbar, war der kurzzeitige Ausfall des Schulnetzwerkes. Zu unwahrscheinlich mutete mir das wohl zu. Als einzigen Ausweg bliebe da, zukünftige Schülerarbeiten vorerst nur lokal zu speichern. Doch auch dies birgt ein Risiko. Durch das Self-Healing-Network gehen alle lokal gespeicherten Dateien nach dem Neustart eines Rechners verloren. Wenn nun ein Schüler vergisst, vor dem Herunterfahren die lokale Datei aufs Netzwerk zu verschieben, wäre der Schaden ebenfalls entstanden.

Bei der Erstellung der Dokumentationen hat sich gezeigt, inwieweit die Fertigkeiten im Umgang mit Textverarbeitungsprogrammen auseinandergehen. Für die weitere Unterrichtsplanung in dem Schuljahr, in dem eben auch der Umgang mit Word ein Teil darstellt, hat es mir geholfen, den Wissensstand der Schüler einzuordnen.

Ein interessanter Aspekt für den Unterricht wäre gewesen, die Dokumentation direkt in englischer Sprache zu verfassen. Laut Aufgabenstellung wäre das durchaus möglich gewesen. Der Englischlehrer hätte dort mit eingebunden werden können, sodass auch eine zusätzliche Komponente bei der Bewertung der Dokumentation mit eingeflossen wäre.

Kritisch ist mit der Klassenarbeit zu verfahren. In der Frage 4b)[6] wollte ich auf die Antwort „Testen mit einer Virtuellen Maschine" hinaus. Diese Antwort kam auch sehr oft, jedoch aber auch Antworten wie: „Nachschauen auf der Hersteller-Webseite", „Testen bei einem Bekannten, der das Betriebssystem hat". Diese Antworten sind selbstverständlich vollkommen richtig und wurde auch als richtig gewertet. Hier wäre eine gezieltere Fragestellung notwendig gewesen.

---

[6] Fragestellung: Vor der Installation des Betriebssystems willst du testen, ob alle deine Programme auf dem neuen Betriebssystem lauffähig sind. Welche Möglichkeit hat du diesen Test durchzuführen?

7 Literaturverzeichnis

Kultusministerkonferenz. 2003. *Rahmenlehrpan für den Ausbildungsberuf "Elektroniker für Automatisierungstechnik/Elektronikerin für Automatisierungtechnik".* 2003.

Meyer, Hilbert. 1987. *Unterricht-Methoden.* Berlin : Cornelsen Verlag, 1987. Bd. II: Praxisband. 978-3-589-20851-7.

Ott, Bernd. 1997. *Grundlagen des beruflichen Lernens und Lehrens.* 1. Auflage. Berlin : Cornelsen, 1997.

Pampus, Klaus. 1987. Ansätze zur Weiterentwicklung betrieblicher Ausbildungsmethoden. *Berufsbildung in Wissenschaft und Praxis.* 1987, 2/87, S. 43-51.

Wikipedia. Virtualisierungssoftware. [Online] [Zitat vom: 3. November 2009.] http://de.wikipedia.org/wiki/Virtualisierungssoftware.

8 Abbildungsverzeichnis

9 Anhang

9.1 Zeitverlaufsplan

Zeit	Phase	Inhalt	Lernziele Die Schüler sollen...	Medien/Sozialform
10 min →11:40	Einstieg / Motivation	◇ Demonstration VM ◇ Umfrage: Eigene Einschätzung der Kenntnisse der Installation von Windows XP	– ihre eigenen Fähigkeiten objektiv einschätzen können	Laptop mit laufenden VM's FlipChart
10 min →11:50	Problemstellung	◇ Installation von Betriebssystemen. Welche vorbereitenden Maßnahmen sind notwendig?	–	SLG / Brainstorming FreeMind
15 min →12:05	Erarbeitung I	◇ Recherche nach Hardwareanforderungen von Windows XP	– das Internet zur Recherche bestimmter Sachverhalte gezielt nutzen können.	Internetrecherche in 2wergruppen Ergebnis gemeinsam an Tafel
5 min →12:10	Erläuterung	◇ Überleitung zu VM ◇ Erläuterung der Gruppenarbeit (Zeitnehmer!) ◇ Hinweis: nicht zu technisch ins Detail gehen		LV
35 min →12:45	Erarbeitung II	◇ Durchführung der Gruppenarbeit nach Arbeitsblatt	– die Funktionsweise einer Virtuellen Maschine beschreiben können – Einsatzmöglichkeiten von VM nennen können – Vor- und Nachteile sowie Grenzen von VM anhand gegebener Informationen erschließen können – Information kreativ darstellen können	AB 1 Gruppenarbeit in Vierergruppen Internetrecherche Metaplanwand
15 min →13:00	Präsentation	◇ Eine der Gruppen präsentiert ihr Plakat. ◇ Möglichkeit geben zur Diskussion ◇ In welchen Bereichen können VM eingesetzt werden?	– in der Gruppe einen Sachverhalt dem Plenum präsentieren können – gemeinsam im Plenum fachlich über VM diskutieren können	Präsentation und Diskussion

Zeitverlaufsplan Teil 2

Zeit	Phase	Inhalt	Lernziele Die Schüler sollen...	Medien/Sozialform
5 min →7:55	Einstieg	○ Ziel der heutigen Stunde: Laufende VM mit Win XP ○ Kurzwiederholung: VM	... die wesentlichen Punkte der Eigenschaften einer Virtuellen Maschine wiedergeben können	LV SLG
15 min →8:10	Problemstellung I	○ Erläuterung des Arbeitsauftrages ○ Hinweis: Nach Neustart ist Arbeit weg!		LV
15 min →8:25	Durchführung I	○ S. Installieren VM auf Rechner ○ Konfiguration VM gemäß Aufgabenstellung	... das Programm VirtualBox auf einem Windows Rechner installieren können. ... das Programm VirtualBox gemäß einer Aufgabenstellung konfigurieren können.	Schülerversuch L. zurückhaltend bei Unterstützung
10 min →8:35	Überprüfung I	○ Erfahrungsaustausch ○ Auf welche Punkte bei der Konfiguration achten? ○ Ein S. führt Installation und Konfiguration auf L.-Rechner durch ○ Wichtig: Speicherort VDI-Datei und SATA-Controller ○ Dokumentationskriterien gemeinsam festlegen	... über Probleme bei der Installation und Konfiguration von VirtualBox fachlich richtig berichten können. ... Stolpersteine bei der Konfiguration von VirtualBox benennen können. ... gemeinsam Kriterien für eine Dokumentation aufstellen können.	Diskussion Vorführung Beamer Flipchart
50 min →9:20	Durchführung II	○ Durchführung der Installation von Windows XP gemäß Arbeitsauftrag (Aufgabe 2) ○ S.-Dokumentation	... in einer Kleingruppen das Betriebssystem Windows XP in englischer Sprache auf eine VM zu installieren können. ... über den Ablauf der Installation und die Bedienungsschritte ein Dokumentation anfertigen.	Arbeit in Zweiergruppen
20 min →9:40		○ Pause		

Zeitverlaufsplan Teil 2

Zeit	Phase	Inhalt	Lernziele	Methode
10 min →9:50	Durchführung II (Fortsetzung)	○ Durchführung der Installation von Windows XP gemäß Arbeitsauftrag (Aufgabe 2) ○ S.-Dokumentation		Arbeit in Zweiergruppen
10 min →10:00	Überprüfung II	○ Erfahrungsaustausch ○ Ansprechen von Problemen und berichtenswerten Ereignissen		Diskussion
5 min →10:05	Problem-stellung II	○ Klärung der Schritte für Aufgabenteil 3 ○ Warum Eigene Dateien auf eigene Platte / Partition?	... erklären können, warum es sinnvoll ist sensible Daten von den Systemdateien zu trennen.	SLG
25 min →10:30	Durchführung III	○ Durchführung der Teilaufgabe III des Arbeitsauftrages	... Windows XP entsprechend einer Arbeitsanweisung konfigurieren können. ... in der Windows Registry nach Internetrecherche einen Eintrag ändern zu können	Arbeit in Zweiergruppen
30 min →11:00	Verarbeitung	○ Fertigstellen der Dokumentation		Arbeit in Zweiergruppen
10 min →11:10	Reflexion	○ Abschlussgespräch im Plenum ○ Umfrage: Wie schätze ich jetzt meine Kenntnisse ein?	... ihre eigenen Fähigkeiten objektiv neu einschätzen können.	SLG Flipchart

Anhang

33

9.2 Arbeitsblätter

Arbeitsblatt 1: Rechercheauftrag

J)S	**Installation von Betriebssystemen**	Klasse: _____ Fach: _____ Datum: _____

Rechercheaufgabe

Informiere dich in Vierergruppen über das Thema „Virtuelle Maschinen". Verwende dazu als Informationsquelle das Internet.

Gehe dabei folgenden Leitfragen nach:

- Was ist eine Virtuelle Maschine?
- Was versteht man unter den Begriffen „Host" und „Gast" und wie arbeiten diese miteinander?
- Für welche Anwendungszwecke können Virtuelle Maschinen eingesetzt werden?
- Welche Vor- und Nachteile sowie Grenzen hat der Einsatz Virtueller Maschinen?

Diese Leitfragen sowie darüber hinausgehende, für eure Gruppe erwähnenswerte Informationen, sind jeweils auf einem Plakat festzuhalten. Der Kreativität ist dabei kein Grenze gesetzt.

Wichtig: Bestimmt innerhalb der Gruppe einen Zeitwächter.

Zeitvorgabe: 30 min

Arbeitsblatt 2: Arbeitsauftrag

Installation von Betriebssystemen	Klasse: _____
	Fach: _____
	Datum: _____

Arbeitsauftrag

In Ihrem Betrieb werden in den kommenden Wochen mehrere ältere PC's durch neue ersetzt. Die PC's werden dabei von einem Hardware-Händler fertig zusammengebaut geliefert. Als Betriebssystem soll auf allen Rechnern Windows XP SP2 zum Einsatz kommen, um die Kompatibilität mit derzeit verwendeten Software-Anwendungen zu gewährleisten.

Die Installation des Betriebssystems soll jeweils von den EDV-Abteilungen in den einzelnen Firmenstandorten, die auch in anderen Staaten vertreten sind, durchgeführt werden. Aufgrund der Multinationalität soll das Betriebssystem auch in englischer Sprache installiert werden.

Ihr Team wurde von Ihrem Vorgesetzten dazu beauftragt eine ausführliche Anleitung zur Installation des Betriebssystems zu erstellen, damit die Mitarbeiter vor Ort nach dieser vorgehen können.

Die Hardwarekonfiguration der neuen Rechner sieht wie folgt aus:

Arbeitsspeicher:	256 MB
1. SATA-Festplatte:	10 GB
2. SATA-Festplatte:	50 GB
Grafikkartenspeicher:	32 MB

CD-ROM-Laufwerk, Diskettenlaufwerk und USB-Anschlüsse sind ebenfalls vorhanden

Aufgabe 1:

Erstellen Sie eine virtuelle Maschine, die der Hardwarekonfiguration den späteren „echten" Rechnern so weit als möglich entspricht.

Aufgabe 2:

Installieren Sie auf diese virtuelle Maschine das Betriebssystem Windows XP SP2. Das Betriebsystem soll dabei auf Festplatte 1 (10 GB) installiert werden. Dokumentieren Sie die einzelnen Schritte sorgfältig.

Beachten Sie dabei folgende Punkte:

- Auf welche Besonderheiten ist bei dieser Hardwarekonfiguration besonders zu achten und welche Einschränkungen sind durch den Host-Rechner vorgegeben?

- Welchen Einfluss hat die Verwendung der englischen Version bei Einsatz in nicht englischsprachigen Ländern?

Aufgabe 3:

Nach der Installation des Betriebssystems soll die zweite Festplatte in zwei Partitionen mit 10 (Laufwerksbuchstabe D:) und 40 GB (Laufwerksbuchstabe P:) aufgeteilt werden.

Der Inhalt des Ordners „Eigene Dateien" des angelegten Benutzers soll dabei dauerhaft auf Laufwerk D: abgelegt sein. Alle neu installierten Programme sollen nicht, wie standardmäßig in dem Ordner „C:\Programme" sondern direkt auf Laufwerk P: installiert werden. Führen Sie hierzu eine Internetrecherche durch und testen Sie die vorgenommenen Einstellungen.

Bewertung Dokumentation

Name: _____

_____

Bewertungskriterien Dokumentation

Kriterium	Ausprägung			Gewichtung	Erreichte Punktzahl
	-	0	+		
Inhaltsverzeichnis vorhanden				1	
Seitenzahlen vorhanden				1	
Deckblatt vorhanden				1	
Ansprechende Optik				2	
Anzahl der Screenshots angemessen				2	
Screenshots gut lesbar				2	
Text und Bild passt zusammen				2	
Umfang des Textes angemessen				2	
Rechtschreibung / Grammatik				1	
Fachlich Korrekt / Alle Aufgaben gelöst				5	
			Gesamtpunktzahl		
			Note		

9.4 Klassenarbeit

Josef-Durler Schule	Berufsfachliche Kompetenz (Lernfeld 4) / Computeranwendungen (CA)	E1EAT		
	Fach	Klasse		
		26.11.2009		
Rastatt	Name	Datum	Punkte	Note

Maximal 72 Punkte / Zeit 80 min

Hilfsmittel: Taschenrechner

Hinweis: Die angegebenen Punkte zu jeder Aufgabe können Sie als Richtschnur für den benötigten Umfang Ihrer Antwort nehmen. Sie können Ihnen auch einen Hinweis geben, wie lange Sie sich mit der jeweiligen Aufgabe beschäftigen können, ohne in Zeitprobleme zu kommen. (ca. 1 Minuten pro Punkt).

Aufgabe 1: EVA-Prinzip

		Pkt.
a)	Nenne drei typische Eingabegeräte.	3
b)	Nenne drei typische Ausgabegeräte.	3
c)	Skizziere den Verlauf des EVA-Prinzips an einem beliebigen Beispiel.	4
d)	Unterscheide die Begriffe Hardware und Software.	4
Gesamtpunktzahl Aufgabe 1		14

Aufgabe 2: Informationsdarstellung

a)	Unterscheide die Begriffe Daten und Informationen.	4
b)	Wandle die Dezimalzahl 341_{10} in eine Dualzahl und in eine Hexadazimalzahl.	6
c)	Wandle die Dualzahl 11011010_2 in eine Dezimalzahl und eine Hexadezimalzahl.	6
d)	Wandle die Hexadezimalzahl $F3A_{16}$ in eine Dezimalzahl und in eine Dualzahl.	6
Gesamtpunktzahl Aufgabe 2		22

Aufgabe 3: Betriebssysteme

a)	Nenne vier gängige Betriebssysteme.	4
b)	Nenne vier Aufgaben, die ein Betriebssystem hat.	4
c)	Was versteht man unter dem Begriff „Prozess"?	2
d)	Ein Prozess kann drei Zustände aufweisen. Zeige zeichnerisch das Zusammenspiel zwischen diesen Zuständen. Erkläre darüber hinaus den Begriff „Verdrängung".	6
e)	Erkläre die Funktion eines Treibers.	2
f)	Welche Aufgabe hat ein Dateisystem und nenne drei gängige Dateisysteme	5
Gesamtpunktzahl Aufgabe 3		23

Aufgabe 4: Installation von Betriebssystemen

a) Du willst auf deinen Rechner ein neues Betriebssystem installieren. Welche vorbereitenden Maßnahmen sind dazu notwendug? Nenne mindestes vier Stück.   4

b) Vor der Installation des Betriebssystems willst du testen ob alle deine Programme auf dem neuen Betriebssystem lauffähig sind. Welche Möglichkeit hast du diesen Test durchzuführen?   2

c) Was versteht man unter einer „Virtuellen Maschine"?   3

d) Du haderst noch damit ob du Windows 7 oder das neuste Linux als neues Betriebssystem installieren sollte. Nenne je zwei Vorteile und Nachteile, die Windows gegenüber Linux hat.   4

Gesamtpunktzahl Aufgabe 4   13

Aufgabe 1:   ____ von 14 Punkten
Aufgabe 2:   ____ von 22 Punkten
Aufgabe 3:   ____ von 23 Punkten
Aufgabe 4:   ____ von 13 Punkten

Gesamt: ____ von 72 Punkten

Die folgende Dokumentation erscheint zumindest optisch besonders gelungen, die Schüler einigten sich darauf, direkt zu Hause die deutsche Version von Windows XP zu installieren, um später damit weiterarbeiten zu können. Aus diesem Grund sind die Screenshots ab Kapitel 3 (Hausaufgabe) aus der deutschen Version entliehen.

Zusätzlich verwendeten die beiden Schüler auch nicht Microsoft Word, sondern gestalten die komplette Dokumentation zu Hause neu.

Eine Anmerkung noch am Rande. Die Netzwerkeinstellungen blieben bei der Installation unbeachtet, da Sie noch nicht im Unterricht behandelt wurden.

Dokumentation

Installation von Windows XP

von

INHALTSVERZEICHNIS

1. Installation von Windows XP SP2

Schritt 1:
Windows CD In das CD-ROM-Laufwerk einlegen.
Neustarten des PCs oder Installation von CD in Windows starten.
Windowsinstallation bereitet sich automatisch vor.

Schritt 2:
Beim ersten Abfragebildschirm mit Enter die Windowsinstallation bestätigen.

Schritt 3:
Lizenzbestimmungen mit F8 akzeptieren.

Schritt 4:
Gewünschte Festplatte oder Partition, auf der Windows installiert werden soll, mir den Pfeiltasten auswählen und mit Enter bestätigen.

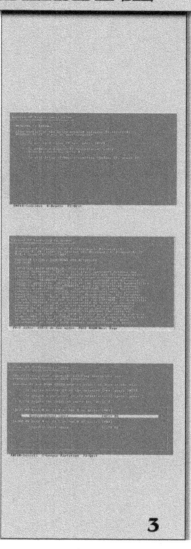

3

Schritt 5:
Dateiensystem NTFS mit Enter auswählen.

Schritt 6:
Warten während Windows die Setup-Dateien automatisch lädt.

Schritt 7:
Fortfahren mit Next.

Schritt 8:
Gewünschten Namen (ggf. Organisation) eingeben und mit Next fortfahren.

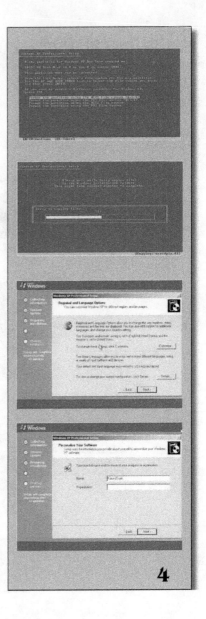

4

Schritt 9:
Gewünschten PC-Name eingeben
und mit Next fortfahren

Schritt 10:
Datum, Uhrzeit und Zeitzone auswählen und mit Next fortfahren.

Schritt 11:
Warten während die Installation fort-
fährt.

Schritt 12:
„Typical Installation" beibehalten und
mit Next fortfahren.

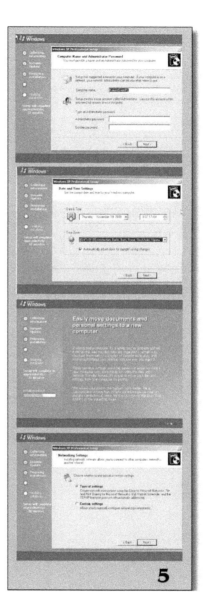

Schritt 13:
„WORKGROUP" beibehalten und mit
Next fortfahren.

Schritt 14:
Warten während die Installation fort-
fährt.

Schritt 15:
Installation mit Next fortfahren.

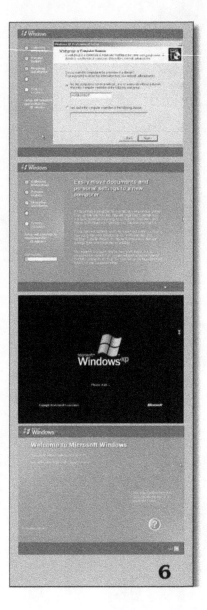

Schritt 16:
„Automatic Updates" auswählen und mit Next fortfahren

Schritt 17:
„Yes,..." auswählen und mit Next fortfahren.

Schritt 18:
Zum Abschluss „Yes, I´d like to register with Microsoft now" auswählen und mit Next fortfahren.

Schitt 19:
Glückwunsch! Die Installation von Windows XP Professional SP2 ist vollendet. Mit Next Windows XP starten.

2. Partitionen erstellen

Schritt 1:
Im „Control Panel" „Administrative Tools" öffnen.

Schritt 2:
Nun „Computer Management" öffnen.

Schritt 3:
Gewünschte Festplatte oder Partition mit Rechtsklick anklicken und „New Partition" wählen.

8

Schritt 4:
Gewünschte Größe der Partition einstellen und mit Next fortfahren.

Schritt 5:
Gewünschter   Laufwerkbuchstabe
einstellen und mit Next fortfahren.

Schritt 6:
Mit Finish Einstellungen der neuen
Partition bestätigen.

Bei weiteren gewünschten Partitionen Schritt 1-6 wiederholen.

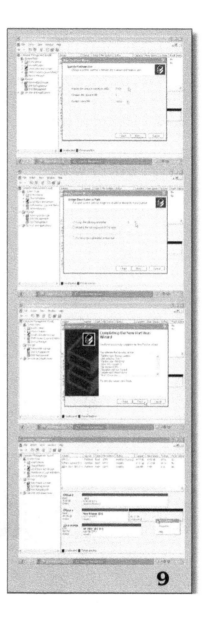

3. Pfad für Eigene Dateien ändern

Schritt 1:
Rechtsklick auf den Ordner Eigene
Dateien

Schritt 2:
Auf Eigenschaften klicken

Schritt 3:
In der Kartei „Ziel" auf Verschieben
klicken.

Schritt 4: Gewünschten Speicherort
auswählen und mit OK bestätigen.

Schritt 5: Auf Übenehmen Klicken
um Pfadänderung zu bestätigen.

10

4. Installationsverzeichnis ändern

Schritt 1:
Im Startfenster auf Ausführen klicken.

Schritt 2:
Dort in das Fenster „regedit" eingeben und mit OK bestätigen.

Schritt 3:
Nun in den Ordner „HKEY_LOCAL_MACHINE\SOFTWARE\Microsoft\Windows\CurrentVersion" wechseln.

Schritt 4:
Dort den String „ProgramFilesDir" mit Rechtsklick ändern.

Schritt 5:
Dort den Wert auf das gewünschte Ziellaufwerk (z.B.: D:\Programme) abändern und mit OK bestätigen.

Nun ist das Standardinstallationsverzeichnis geändert.

11